As paixões

As paixões
Tessa Moura Lacerda

FILOSOFIAS: O PRAZER DO PENSAR
Coleção dirigida por
Marilena Chaui e Juvenal Savian Filho

wmf **martinsfontes**
São Paulo 2013

*Copyright © 2013, Editora WMF Martins Fontes Ltda.,
São Paulo, para a presente edição.*

1ª edição 2013

Acompanhamento editorial
Helena Guimarães Bittencourt
Revisões gráficas
Letícia Braun
Helena Guimarães Bittencourt
Edição de arte
Katia Harumi Terasaka
Produção gráfica
Geraldo Alves
Paginação
Moacir Katsumi Matsusaki

**Dados Internacionais de Catalogação na Publicação (CIP)
(Câmara Brasileira do Livro, SP, Brasil)**

Lacerda, Tessa Moura
 As paixões / Tessa Moura Lacerda. – São Paulo : Editora WMF Martins Fontes, 2013. – (Filosofias : o prazer do pensar / dirigida por Marilena Chaui e Juvenal Savian Filho)

 ISBN 978-85-7827-677-5

 1. Paixão (Filosofia) I. Chaui, Marilena. II. Savian Filho, Juvenal. III. Título. IV. Série.

13-03099   CDD-128

Índices para catálogo sistemático:
1. Paixão : Filosofia   128

Todos os direitos desta edição reservados à
Editora WMF Martins Fontes Ltda.
*Rua Prof. Laerte Ramos de Carvalho, 133   01325.030   São Paulo SP Brasil
Tel. (11) 3293.8150   Fax (11) 3101.1042
e-mail: info@wmfmartinsfontes.com.br   http://www.wmfmartinsfontes.com.br*

SUMÁRIO

Apresentação • 7
Introdução • 9

1 Platão e Aristóteles: relações entre o passional e o racional • 13
2 Os filósofos helenistas: a medicina da alma • 21
3 Tomás de Aquino e os sete pecados capitais • 30
4 A Modernidade e as paixões: Descartes • 36
5 A Modernidade e as paixões: Espinosa • 43
6 A Contemporaneidade e a paixão patológica • 48
7 Conclusão • 51

Ouvindo os textos • 55
Exercitando a reflexão • 73
Dicas de viagem • 77
Leituras recomendadas • 90

APRESENTAÇÃO
Marilena Chaui e Juvenal Savian Filho

O exercício do pensamento é algo muito prazeroso, e é com essa convicção que convidamos você a viajar conosco pelas reflexões de cada um dos volumes da coleção *Filosofias: o prazer do pensar*.

Atualmente, fala-se sempre que os exercícios físicos dão muito prazer. Quando o corpo está bem treinado, ele não apenas se sente bem com os exercícios, mas tem necessidade de continuar a repeti-los sempre. Nossa experiência é a mesma com o pensamento: uma vez habituados a refletir, nossa mente tem prazer em exercitar-se e quer expandir-se sempre mais. E com a vantagem de que o pensamento não é apenas uma atividade mental, mas envolve também o corpo. É o ser humano inteiro que reflete e tem o prazer do pensamento!

Essa é a experiência que desejamos partilhar com nossos leitores. Cada um dos volumes desta coleção foi concebido para auxiliá-lo a exercitar o seu pensar. Os temas foram cuidadosamente selecionados para abordar os tópicos mais importantes da reflexão filosófica atual, sempre conectados com a história do pensamento.

Assim, a coleção destina-se tanto àqueles que desejam iniciar-se nos caminhos das diferentes filosofias como àqueles que já estão habituados a eles e querem continuar o exercício da reflexão. E falamos de "filosofias", no plural, pois não há apenas uma forma de pensamento. Pelo contrário, há um caleidoscópio de cores filosóficas muito diferentes e intensas.

Ao mesmo tempo, esses volumes são também um material rico para o uso de professores e estudantes de Filosofia, pois estão inteiramente de acordo com as orientações curriculares do Ministério da Educação para o Ensino Médio e com as expectativas dos cursos básicos de Filosofia para as faculdades brasileiras. Os autores são especialistas reconhecidos em suas áreas, criativos e perspicazes, inteiramente preparados para os objetivos dessa viagem pelo país multifacetado das filosofias.

Seja bem-vindo e boa viagem!

INTRODUÇÃO

O coração dispara, dá um frio na barriga, perde-se o fôlego, as pernas ficam bambas, as mãos tremem; o corpo inteiro, na verdade, é tomado por uma enxurrada de sensações que às vezes nos paralisam, às vezes nos fazem agir de modo tolo, impensado...

Mesmo quem nunca experimentou essa torrente de sensações certamente reconhece nessa descrição todos os sintomas do que os filmes, os seriados de televisão, as novelas etc. chamam hoje de "paixão". Quem sente tudo isso ao mesmo tempo diz que está "apaixonado"... E que não consegue parar de pensar na pessoa amada, objeto de sua paixão, nem impedir-se de desejar estar perto ou pelo menos observá-la de não muito longe... Inventa mil artimanhas para que encontros aparentemente casuais aconteçam e os olhos se cruzem e, quem sabe, as mãos se toquem... E, se porventura as mãos se tocam, o chão parece sumir, e o mundo inteiro ao redor desaparece por segundos que querem durar uma eternidade...

Esses sintomas exprimem para nós, hoje, o que se entende comumente por "paixão"; mas o que essa concepção corrente de "paixão" esconde é que, assim descrita, ou seja, referindo-se à paixão amorosa, ela se trata apenas de uma das inúmeras paixões que existem. A paixão amorosa, entendida como esse sentimento que nos toma de assalto e muda nossa maneira de agir no mundo, tornando-nos incapazes de viver sem o outro, descreveria aparentemente de maneira total o fenômeno da paixão. Mas essa redução atual do fenômeno da paixão à paixão amorosa oculta, na verdade, a história de algo muito mais complexo e rico em perspectivas do que os filmes "água com açúcar" ou as novelas de TV deixam supor.

Os filósofos debruçam-se sobre o tema das paixões desde a Antiguidade e, sob diferentes aspectos e de maneiras diversas, enfrentam esse fenômeno seja para condená-lo, seja para defendê-lo, seja para apenas descrevê-lo. De modo geral, chamam de "paixão" uma vivência do indivíduo, mas que não depende de seu querer ou de sua decisão. É algo que o toma. Em certos casos, ele pode controlar o desenvolvimento disso que o toma, mas não pode controlar seu surgimento.

O nome "paixão", atribuído na língua portuguesa a essas experiências que nos tomam e cujo surgimento não é decidido por nós, vem do termo latino *passio*, que, por sua vez, é uma tradução do termo grego *páthos*. O substantivo grego *páthos* corresponde ao verbo *páscho* (na primeira pessoa do singular) ou *páschein* (infinitivo), cujo sentido envolve a ideia de "ser afetado" por algo, "sofrer" algo. Em latim, *passio* conservou a ideia de afecção, mas também de "sofrimento", sentidos que passaram à língua portuguesa.

Nessa linha etimológico-filosófica, as paixões são investigadas como componentes da natureza humana ou como contrárias a essa natureza, e envolvem uma gama imensa daquilo que hoje chamamos "sentimentos": raiva, inveja, alegria, medo, tristeza, esperança, ciúme etc. Há listas muito diferentes que catalogam esses "sentimentos" ou "afetos" (afecções), ou melhor, essas paixões. Assim, para a História da Filosofia, elas constituem fenômenos mais numerosos do que a mera paixão amorosa. É para essa reflexão e análise que convidamos você neste livro.

1. Platão e Aristóteles: relações entre o passional e o racional

Platão (428/27-348/47 a.C.), filósofo grego da Antiguidade, serve-se de elementos da mitologia grega para falar metaforicamente de nossa alma, típica de seres mortais, em contraposição à alma típica dos seres imortais, ou seja, os deuses: como registra em seu diálogo intitulado *Fedro*, nossa alma seria como um cocheiro que deve guiar dois cavalos, sendo um deles moderado e o outro arredio, obedecendo apenas por meio do chicote.

O cocheiro, ele mesmo, seria o intelecto ou a dimensão *racional* da alma; por isso, ele deve ser o guia da alma, embora a dupla desigual de cavalos torne essa tarefa bem difícil. O cavalo intemperante seria a dimensão *concupiscente* da alma, ligada aos apetites e desejos; o cavalo moderado seria a parte *irascível*, ligada aos sentimentos.

A razão (o cocheiro) deve dominar as paixões (os dois cavalos) e, para tanto, pode ter por auxiliar a parte irascível (o cavalo moderado). Esse domínio é uma luta, que Platão, na imagem do cocheiro, julga interna à própria alma; uma luta entre a parte racional e a parte concupiscente da alma. Em alguns diálogos escritos por Platão, essa luta entre razão e paixão aparece como um embate da alma com o corpo, e não da alma consigo mesma. De qualquer modo, podemos dizer que, para Platão, as paixões provêm ou diretamente do corpo ou da parte da alma mais próxima ao corpo (a parte apetitiva ou concupiscente). O corpo mostra-se, assim, como algo relativamente mau, pois, se não for integrado à alma, pode afastar-nos de nosso desejo mais típico de seres mortais racionais, a saber, a verdade, o prazer em nível humano mais completo e obtido pelo intelecto.

Como analisa Platão em um diálogo intitulado *Sofista*, pode haver na alma dois tipos de vícios, que correspondem à doença do corpo ou à feiura dele: o primeiro tipo, que seria como uma doença, é a maldade (a covardia, a intemperança e a injustiça); o segundo tipo, involuntário como a feiura, é a ignorância. Esses males da alma estão ligados ao excesso de dor ou de prazer, em outras palavras, ao excesso de paixões. Em um diálogo intitulado *Timeu*, Platão dirá que a doença própria da alma é a demência, a loucura.

Platão foi quem primeiro colocou em um mesmo plano paixões e doenças, inaugurando uma longa tradição interpretativa desse fenômeno. Vale notar, porém, que, apesar de relacionar as paixões à doença e, particularmente, à demência, Platão reconhece, no diálogo *Fedro*, efeitos benéficos de quatro espécies de loucura (a loucura dos profetas e adivinhos, a dos poetas inspirados pelas musas, a possessão ritual dionisíaca e o arrebatamento amoroso). Relaciona, assim, o conhecimento filosófico ou a busca pela verdade (nosso verdadeiro desejo) à incompletude essencial que caracteriza o amor; a carência que define o amor leva-nos a buscar uma satisfação transcendente, também por ele chamado de Bem, o Bem Supremo. Sem isso não haveria Filosofia. Portanto, pode-se dizer que a relação entre o pensamento racional e a paixão não é uma relação de mera oposição.

Essa relação entre racional e passional (do latim *passio*) ou patético (do grego *páthos*) aparece de maneira ainda mais clara em Aristóteles (384-322 a.C.). O discípulo mais conhecido de Platão aprofundou a ideia de que a Filosofia nasce de uma admiração pelo mundo, o espanto (*thaumázein* em grego), e não de uma razão pura ou purificada de paixões. Mas Aristóteles levou mais longe que Platão a ideia grega de que o homem não pode ter uma vida puramente racional. Eis por que, buscando uma compreensão realista da natureza humana, estudou seus fatores irracionais, propondo uma espécie de "psicologia empírica" ou uma descrição das principais paixões que movem a alma humana, isto é, as paixões que movem nossa vontade e nossa inteligência.

Aristóteles, em sua obra intitulada *Retórica*, define as paixões como aqueles sentimentos que causam mudanças nas pessoas e fazem com que elas mudem seus julgamentos; sentimentos que são sempre seguidos de dor e/ou prazer. Nessa obra, a retórica é definida como a arte de persuadir pelo discurso, mas não por um discurso racional, que opera por raciocínios ou silogismos. Ao contrário, o orador deve seduzir o ouvinte, tocando em suas paixões, para convencê-lo da tese que lhe é apresentada. Essa tese é defendida não como uma verdade absoluta, mas de acordo com as circunstâncias da vida, de modo que a retórica, embora seja uma técnica rigorosa de argumentação, distingue-se da argumentação silogística, pois o orador pode sustentar ou destruir uma mesma tese. O importante é persuadir o ouvinte.

Isso mostra que a retórica, segundo Aristóteles, não é nem moral nem imoral, mas uma ciência relativa, distinta da ciência absoluta. Por isso, o Estagirita não descreve as paixões como vícios ou virtudes permanentes, mas como tendências preponderantes que inclinam as pessoas. Por definição, as paixões relacionam-se à dor e ao prazer, ao apetite sensível, que é flutuante. Eis por que a paixão é um estado de alma móvel, suscetível de ser mudado. O orador deve saber despertar nos ouvintes as paixões certas, no momento certo, porque elas são tendências, apetites e desejos que podem tanto resistir à razão como atuar conjuntamente com esta; e são naturalmente mutáveis.

A "psicologia empírica" das paixões seria um estudo de paixões específicas, no qual Aristóteles mostra a função dinâmica de nossas paixões. A lista de paixões específicas capazes de mudar nossos juízos aparece com algumas diferenças na *Ética nicomaqueia* e no segundo livro da *Retórica*. Na *Ética*, Aristóteles apresenta onze paixões, entre as quais o desejo e a alegria, que descrevem estados de ânimo da pessoa em si mesma. Na *Retórica*, a lista consta de catorze paixões, e todas estão vinculadas à relação da pessoa com o outro. Nesse caso, as paixões são respostas às representações que os outros concebem de nós e refletem representações que fazemos dos outros – por isso a lista da *Retórica* inclui a vergonha, a emulação e a indignação, respostas às representações (a lista completa inclui: cólera, tranquilidade, amor, ódio, confiança ou segurança, medo, impudência, benevolência, piedade/compaixão, inveja e desprezo).

Aristóteles não condena as paixões, mas seu excesso. Ademais, não poderíamos ser julgados bons ou maus pela paixão que sentimos; ninguém escolhe suas paixões e, por isso, nenhum homem pode ser responsável por elas, mas apenas pelo modo de reagir a elas. Em sua *Ética nicomaqueia*, Aristóteles mostra que a excelência ética ou a virtude será determinada justamente pela maneira como o homem emprega essas paixões em sua ação. Em outras palavras, Aristóteles considera que o homem é capaz de temperar suas paixões. O homem virtuoso não é aquele que cumpriu a tarefa – impossível – de renunciar a suas paixões, mas aquele que sabe dosá-las.

Mesmo na ética, não há uma escala objetiva de valores independentes das situações vividas que digam se uma pessoa agiu bem ou mal, é preciso sempre ajustar-se às circunstâncias. Mas, uma vez que as paixões podem ser educadas, podemos estabelecer o que seria uma conduta correta. A ética de Aristóteles é uma ética da prudência; o virtuoso é aquele homem que, passional como todos os demais, soube educar suas paixões e agir de maneira adequada, com tanta paixão quanto é preciso em cada situação determinada. Não é possível agir eticamente sem paixão, tampouco totalmente levado pelas paixões; é preciso achar um meio-termo. Entre o temerário que se arrisca à toa e o medroso que nada faz e deixa-se paralisar por medo, há o corajoso, que sente medo na medida certa para agir com prudência.

Para Aristóteles, não se trata, portanto, de reprimir os desejos, mas de utilizá-los de maneira adequada. O virtuoso age em harmonia com suas paixões.

Não há uma lei moral que diga o que é certo e errado em todas as situações. Age de maneira correta aquele que age de maneira prudente e sabe usar bem suas paixões tanto quanto cada situação da vida requer.

2. Os filósofos helenistas: a medicina da alma

É precisamente o contrário do pensamento ético de Aristóteles que será apregoado pelos estoicos, epicuristas e céticos (também conhecidos como filósofos helenistas). Enquanto para Aristóteles é impossível inibir completamente as paixões, dados da natureza humana, o estoicismo, em particular, combate violentamente as paixões e afirma que a ética é a submissão total do homem à razão.

A partir do século IV a.C., a Grécia sofrerá profundas mudanças: primeiro sob o domínio dos macedônios e, depois, dos romanos, ela perderá a liberdade política que a caracterizava e que, segundo o historiador Heródoto, era a fonte das profundas diferenças que existiam entre gregos e "bárbaros". A consciência da liberdade que o cidadão da cidade-Estado grega possuía marcava a especulação filosófica. Uma vez que as novas condições impostas aos gregos impedem a participação do cidadão no governo da cidade, o conhecimento não será mais visto como preparação para a atividade política, mas como aprimoramento interior do homem: é assim que o problema ético passará a ser o objeto central de diferentes correntes filosóficas.

As novas éticas (estoica, epicurista e cética) buscam o bem individual e a realização subjetiva caracterizada por uma perfeita serenidade. O epicurismo e o estoicismo julgam que uma concepção racional do universo fundamenta a moral; o ceticismo de Pirro acredita que apenas a retenção do juízo (julgamento), e, portanto, a renúncia a qualquer explicação científica, pode mostrar o caminho para se alcançar a imperturbabilidade do espírito; e o ecletismo de Cícero procura escapar às disputas das escolas, mas preserva boa parte dos ensinamentos estoicos. A nós interessa particularmente a posição estoica, na medida em que prega uma total supressão das paixões ou o domínio absoluto da alma sobre as paixões como meio de alcançar a meta ética da serenidade.

Zenão (336-264 a.C.), fundador do estoicismo grego, e Crisipo (280-210 a.C.), seu continuador, aparentemente não se preocupavam com o homem tal qual ele é, mas como ele deve ser: um sábio ideal para quem a conquista da perfeição moral dependia exclusivamente do uso da razão. Ser virtuoso, para um estoico, é ser racional; a paixão é vista como um obstáculo a ser transposto.

Enquanto para Aristóteles, sobretudo na *Ética nicomaqueia*, a virtude ou excelência ética (*areté*) depende de uma adaptação a cada circunstância da vida e do tempero das paixões, a ética estoica pensa a razão (*lógos*) como a lei ética propriamente dita, o que implica que toda paixão é por si mesma uma infração dessa lei. O resultado imediato disso é a condenação de toda e qualquer paixão.

Mas o que é propriamente uma paixão para os estoicos?

Não há elementos irracionais que rivalizam com a alma racional; as paixões são entendidas por Crisipo como erros de juízo (de afirmações ou negações feitas pelos indivíduos), e, por Zenão, como perturbações mórbidas e não naturais ao espírito, resultando de erros de juízo. Não haveria na alma nada capaz de derrotar a razão; não haveria uma alma irracional ou uma dimensão irracional de onde proviessem essas paixões.

O irracional surgiria para minha alma por meio da representação e do juízo: quando percebo algo, tenho um sentimento de dor ou de prazer, e essa representação se transforma numa tendência de buscar ou fugir da coisa em questão (a visão do alimento causa-me prazer e leva-me a buscá-lo); essa tendência é precedida, portanto, por um juízo ("o alimento é bom, é apetitoso") e é esse juízo que pode me induzir ao erro. Desse erro nasce a paixão, uma tendência irracional que submete minhas ações – por exemplo, levando-me a comer demais, de maneira gulosa e não apenas para satisfazer uma necessidade básica (mais tarde, filósofos cristãos influenciados por ideias estoicas transformarão a gula em um dos sete pecados capitais). A paixão é, pois, um sintoma da fraqueza da alma; não se trata de um mero engano, mas de um engano da razão. A alma apaixonada está em desarmonia consigo mesma, com aquilo que deveria dominar a sua vida, a razão; a alma apaixonada é uma alma doente. A única maneira de lidar com as paixões é aniquilá-las completamente, é a *apatia*.

A apatia não é uma insensibilidade, mas um conformar-se com o Destino; o sábio, diz Crisipo, sofre a dor, mas, diferentemente dos outros seres humanos, não se abandona a ela, sabe controlar-se para enfrentá-la com serenidade. Para um estoico, não se pode pretender, como dizia Aristóteles, temperar as paixões e usar de sua força conforme as circunstâncias, porque uma paixão é sintoma de doença, de fraqueza da alma. Seria impossível viver uma paixão sem ser completamente dominado por ela. Por isso, o único remédio seria o ascetismo, isto é, a ausência dessa força que é a paixão.

Epicuristas e céticos também buscavam banir as paixões da vida humana pelo ideal de *ataraxía* ou ausência de emoções perturbadoras, alcançado seja por meio de opiniões corretas a respeito dos seres humanos e da realidade, seja pela completa suspensão do juízo. A ética de Epicuro (341-270 a.C.) é um esforço para libertar o ser humano de crenças aterrorizantes, o que daria acesso à felicidade, despertando-lhe a consciência de que cabe a ele o controle de si mesmo. O autodomínio é o objetivo da filosofia epicurista e é conseguido libertando-se o ser humano do medo dos deuses, do medo da morte e da ânsia por prazeres e pesar pelas dores. A sabedoria estaria além do comportamento espontâneo e "animal" de buscar o prazer e fugir da dor, característico das paixões. A sabedoria, ao contrário, consistiria em reconhecer diferentes tipos de prazeres: se o ponto de partida para a felicidade está na satisfação de desejos físicos, é preciso saber que essa satisfação deve ser contida para não gerar sofrimento; deve ser reduzida ao mínimo necessário, sem excessos. Só a ausência de perturbação (*ataraxía*) e a ausência de dor podem proporcionar um verdadeiro prazer. Nem sempre é possível esquivar-se de circunstâncias dolorosas; a sabedoria está no autodomínio que garante a serenidade independentemente das circunstâncias, sobretudo se a dor presente é portadora de um bem futuro. O hedonismo epicurista não consiste jamais numa entrega desmedida aos prazeres físicos, como afirma erroneamente a leitura corrente de Epicuro.

Para os estoicos, a Natureza é justa e divina. Assim, a virtude moral estaria no acordo do ser humano consigo mesmo e com essa Natureza, que é intrinsecamente racional. As paixões seriam desobediências à razão e causadas externamente – não seriam naturais ao indivíduo. O homem deve aceitar o Destino com serenidade, independentemente das circunstâncias, em acordo com a razão universal que caracteriza a Natureza. Aliás, pelo nome "Destino" os estoicos entendiam, de modo geral, a realização desse ordenamento racional da Natureza. Não pensavam num destino ao modo como o senso comum entende hoje. Tratava-se da realização individual do ordenamento racional de todo o cosmo.

O estoicismo romano de Sêneca (c. 4 a.C.-65 d.C.) e Marco Aurélio (121-180 d.C.) é herdeiro do estoicismo grego. Para Sêneca, a Filosofia é uma medicina da alma e uma pedagogia da virtude. A razão universal dos estoicos gregos é associada a um ser divino sábio. Essa marca do estoicismo romano é ainda mais forte em Marco Aurélio, pois o imperador é um homem religioso, no sentido da piedade e devoção antigas. Por isso, seu estoicismo diverge de algumas afirmações do estoicismo grego: a autossuficiência e o autodomínio do estoicismo grego, por exemplo, cedem lugar à consciência das próprias imperfeições e à falta de confiança em si mesmo. Posteriormente, pensadores cristãos operarão uma síntese entre elementos estoicos gregos e romanos, associando a razão cósmica ao Deus pessoal revelado por Jesus Cristo, desenvolvendo concepções novas de virtudes (por exemplo, a humildade, entendida como consciência da diferença abissal entre criador e criatura, noções inexistentes no mundo greco-romano clássico), e dando sentido inteiramente novo a virtudes já existentes, por exemplo, a fé (que, agora, passa a ser vista como confiança e entrega pessoal a um ser divino com o qual se estabelece uma relação íntima e dialógica), a esperança (que ganha conteúdo mais positivo, pois baseada na fé e no amor, diferentemente do que ocorria com os estoicos, que identificavam na esperança uma fonte de sofrimento) etc.

O estoicismo romano, em particular, e o cristianismo em sua interpretação majoritária introduzem uma mudança na noção grega de paixão: passa-se, paulatinamente, a enfatizar de novo, como já fizera Platão, a maldade relativa da paixão. Alguns autores chegam ao extremo de identificá-la com algo negativo, um vício, uma "contranatureza" que deveria ser combatida pela virtude, poder natural da razão humana. Contra a queda original do dogma cristão e o inferno, a virtude passa, então, a ser uma luta; uma luta entre nossos impulsos não racionais e a lei que deve ser obedecida. Há, no entanto, uma sutil diferença entre estoicos e cristãos: os estoicos afirmam esse poder natural da razão sobre as paixões; os cristãos, porém, por causa da noção de pecado original, julgam que apenas por meio do poder da fé, recebida a graça santificante de Deus, se é capaz de vencer completamente a paixão.

3. Tomás de Aquino e os sete pecados capitais

Apesar de sua ênfase na maldade relativa das paixões, isto é, no fato de que, não integradas à experiência da fé e à ação da graça divina, elas podem tornar-se prejudiciais ao ser humano, o cristianismo nunca condenou unitariamente as paixões.

É interessante notar como os autores cristãos dos primeiros séculos e da Idade Média (diferentemente das tendências desenvolvidas historicamente depois do Concílio de Trento, da Reforma Protestante e da Contra-Reforma) localizavam no interior do ser humano um único impulso, o impulso que leva a desejar o Bem, assim como dizia Platão. Esse impulso estaria na raiz da experiência erótica, do amor familiar, da afeição da amizade, do desejo de manter-se na existência, da fé e mesmo da busca de conhecer o mundo e Deus. Dessa perspectiva, a paixão estaria, de certo modo, ligada não somente à baixeza da alma que se vende para o prazer ilimitado, mas também à sublimidade da busca de Deus.

Perguntado se o ser humano, para amar a Deus, precisa de um outro amor, diferente daquele carnal, imediato e egocêntrico, um autor como São Bernardo de Claraval responderia negativamente, pois, em sua análise, o mesmo amor carnal que nos impulsiona rumo a objetos passageiros e radicalmente egoístas pode ser sofisticado e ampliado para a busca do objeto perene e radicalmente outro que é o ser divino.

Em continuidade com essa tradição no interior do cristianismo, Tomás de Aquino (1225-1274), o mais famoso intérprete cristão de Aristóteles, recusa a condenação absoluta das paixões feita pelos estoicos. No seu dizer, nem todas as paixões são más e, de acordo com a doutrina salvacionista da Igreja, seria possível identificar paixões que favoreceriam o bem e conduziriam a pessoa a Deus, separando-as daquelas que envolvem a transgressão de leis naturais e divinas. A ira, por exemplo, não pode ser condenada imediatamente como um vício, já que não é intrinsecamente má; ela é um apetite que pode ajudar na conquista de um bem difícil.

O princípio fundamental que guia a descrição dos vícios capitais, feita por Tomás de Aquino, é apresentado no texto *De malo* [*Sobre o mal*], uma das *Quaestiones disputatae* ("questões disputadas", estilo tipicamente medieval de questões debatidas em torno de temas específicos e dividida em artigos, em que se apresentam objeções e contraobjeções). As questões disputadas de Tomás de Aquino foram escritas em Roma, no ano letivo de 1266-1267, ou em Paris, no ano letivo de 1269-1270. No caso da questão *Sobre o mal*, o princípio ou fio condutor afirma que todo pecado fundamenta-se em um desejo natural do ser humano, e, como todo bem naturalmente desejado tem uma semelhança com a bondade divina, quando o ser humano segue seu desejo natural, age de maneira semelhante a Deus. Por isso, não se podem condenar os desejos ou as paixões de maneira absoluta.

Vê-se, assim, como Tomás de Aquino retoma de certo modo a visão aristotélica, aliando-a, porém, à novidade cristã. Segundo ele, que crê em um ser divino criador do movimento do mundo, a razão humana conhece a lei de Deus não apenas pelos mandamentos religiosos, mas também e fundamentalmente pela lei inscrita no coração de todo ser humano e cujo conteúdo é o de fazê-lo desejar naturalmente o bem. Por isso, essa mesma razão pode dirigir o desejo, e, quando o desejo é guiado pela razão, tem-se um desejo reto e virtuoso; será pecaminoso se transgredir a regra da razão.

É a distorção na busca de um bem que constitui o pecado. Entre os pecados, há, como mãe dos outros vícios, a soberba; e há pecados capitais, ou seja, vícios dos quais derivam todos os demais: a vaidade, a avareza, a inveja, a ira, a luxúria, a gula e a acídia. Hoje, alguns teólogos colocam a vaidade em lugar da soberba, e a acídia é geralmente traduzida por preguiça, embora constitua, na verdade, um profundo desânimo.

Para Tomás de Aquino, um pecado pode derivar de outro de quatro maneiras: em primeiro lugar, pela supressão da graça divina, pois um pecado suprime temporariamente os efeitos da graça, tornando-se, assim, causa dos pecados seguintes; em segundo lugar, pela inclinação, já que um pecado, sendo um ato, pode gerar o hábito de pecar (repetição de atos análogos), de modo que o pecador fica inclinado a cometer novos pecados; em terceiro lugar, um pecado pode propiciar a matéria para outro pecado (a gula, por exemplo, propicia matéria para a luxúria); e, por último, pela finalidade, quando, para obter o fim ou objetivo de um pecado, o ser humano comete outro (a avareza pode causar a fraude para se obter dinheiro, por exemplo).

O bem naturalmente atrai o desejo, mas às vezes também deve ser evitado. O bem do ser humano, diz Tomás de Aquino no *De malo*, é tríplice, e esses três tipos de bem podem gerar os pecados: o bem da alma, isto é, a honra e a glória (para o qual podem se dirigir a soberba ou a vaidade); o bem do corpo, segundo o qual conserva-se o indivíduo, por meio do alimento (para o qual dirige-se a gula), ou conserva-se a espécie, pelo amor carnal no matrimônio (para o qual dirige-se a luxúria); e, por último, o bem das coisas exteriores (próprio da avareza).

Ademais, deve-se fugir de um bem se este impede a realização de outro. Por exemplo, quando um bem espiritual impede o amor carnal do matrimônio, trata-se do pecado da acídia; ou, quando o bem de outro impede a consideração da própria superioridade, trata-se do pecado da inveja (a dor pelo bem de outro).

Naturalmente, a recomendação de Tomás de Aquino é que se evitem os pecados, as paixões; mas, como aristotélico, nem sempre uma paixão é necessariamente má, assim como nem sempre um bem é aquilo que parece. É preciso adaptar-se às circunstâncias. A virtude está na relação entre o desejo e a lei divina. O desejo guiado pelo conhecimento racional da lei de Deus será um desejo reto.

4. A Modernidade e as paixões: Descartes

Os modernos, de maneira geral, sofreram grande influência da posição estoica, principalmente em função do renascimento dos estudos clássicos na Europa e da revalorização de um modelo greco-romano de humanidade e de realização e perfectibilidade humana. Além disso, tinham por bagagem, obviamente, as diferentes elaborações cristãs em torno das paixões, virtudes e vícios.

Com efeito, os filósofos do século XVII separaram instintos, desejos e paixões do que seria a natureza própria da alma humana. As paixões são consideradas "perturbações" (*perturbatio animi*). Francis Bacon (1561-1626), por exemplo, considera que uma paixão infecciona o entendimento; John Locke (1632-1704) afirma que devemos nos afastar das paixões para que a razão permaneça imparcial; René Descartes (1596-1650) impõe a separação entre alma e corpo, em seu tratado *As paixões da alma*, pela distinção radical entre pensamento e matéria.

Como Descartes define as paixões da alma? O principal ponto a considerar é que para Descartes ação e paixão são dois nomes para a mesma coisa: o que é uma ação para o sujeito que causa alguma coisa é uma paixão no sujeito a quem acontece essa coisa. E essa relação de reciprocidade entre ação e paixão se estabelece entre o corpo e a alma. Nosso corpo atua *contra* nossa alma; o que nele é uma ação, nela é uma paixão.

Para afirmar que o corpo atua contra a alma, Descartes retoma a distinção substancial apresentada nas suas *Meditações metafísicas*: segundo esse texto, a matéria e o pensamento são duas coisas totalmente distintas, mesmo que no ser humano elas estejam unidas, pois a natureza humana é a união entre a alma e o corpo. É só porque a matéria e o pensamento são totalmente separados e distintos que se pode dizer que o corpo material é causa de uma paixão na alma, ou que atua contra a alma: quando o corpo age, a alma padece, sofre. Nas *Paixões da alma*, o filósofo dedica-se a descrever essa união de fato entre a alma e o corpo.

Para explicar como o corpo atua contra a alma, Descartes afirma que há corpos transparentes que comunicam seu movimento a nossos órgãos dos sentidos; nossos sentidos, por sua vez, são dotados de nervos, isto é, filetes que procedem do cérebro; no sangue que corre nesses nervos há corpos muito pequenos que se movem com grande velocidade e são chamados "espíritos animais"; é o movimento desses minúsculos corpos no cérebro que faz com que a alma tenha sentimentos, porque esses corpinhos se chocam com uma glândula existente no cérebro, a glândula pineal, e a alma e o corpo se comunicam através dessa glândula. Embora seja diferente do corpo e não tenha altura, largura ou comprimento, a alma exerce suas funções nessa pequena glândula do cérebro. A glândula pineal seria a principal sede da alma no corpo e por meio da qual a alma comunica com o corpo e o corpo comunica com a alma, graças ao movimento dos espíritos animais (que, apesar do nome, não são espirituais, mas pequenos corpos materiais).

Os movimentos causados durante a paixão dependem exclusivamente da máquina corporal e, mais que isso, de cada corpo em particular, porque cada cérebro está disposto de uma maneira particular de acordo com as experiências vividas pelo indivíduo. Daí o caráter aleatório das paixões: um mesmo objeto pode causar paixões diferentes em indivíduos diferentes, porque a causalidade das paixões não depende do objeto que provoca a paixão, mas de um movimento interior do corpo.

Na paixão, a alma está a serviço do corpo; ela sente e quer o que o corpo está preparado para realizar. A vontade da alma durante uma paixão é um querer determinado pelo corpo.

A alma "serve" ao corpo durante a paixão, mas Descartes propõe uma técnica para o domínio indireto das paixões. Qual é o poder da alma sobre suas paixões? As paixões podem ser excitadas ou suprimidas indiretamente, quando a alma pensa em uma coisa que causa a paixão contrária da que está sentindo (assim, numa situação de medo, a alma pode pensar em algo que lhe dê coragem, para vencer o medo e enfrentar a situação).

Mas há paixões que são muito violentas, por exemplo, um medo paralisante e muito maior do que o medo que sentimos quando simplesmente fazemos uma prova difícil. Nesse caso, a alma não consegue dominar o medo recorrendo à representação de algo que lhe dá coragem. Nas paixões fortes, só conseguimos controlar seus efeitos, não as próprias paixões; assim, numa situação de medo paralisante, posso enfrentar minha tendência natural de ficar sem ação e fugir da situação; ou, quando a cólera leva uma pessoa a levantar a mão para bater, a vontade da alma pode detê-la, embora seja incapaz de diminuir a sua raiva.

Para Descartes, o combate que se estabelece durante a paixão se dá entre a alma e o corpo e não no interior da própria alma, como sugeriram Aristóteles e Tomás de Aquino, entre outros. O filósofo francês apresenta uma teoria dos graus de força das almas segundo a qual fortes são aquelas almas nas quais a vontade enfrenta as paixões usando as armas próprias da alma, ou seja, o conhecimento do verdadeiro. Só a almas fracas, dirá Descartes, combatem paixões com paixões. Embora esse mecanismo seja eficaz, ele não garante o poder da alma sobre suas paixões; isso só é possível quando a alma usa seu instrumento próprio, o engenho.

A alma pode controlar suas paixões pelo engenho. Cada movimento da glândula está unido a um pensamento, mas é possível juntar outro pensamento a esse mesmo movimento por hábito, causando uma paixão diferente ou, melhor ainda, um movimento diferente no corpo. O hábito é a possibilidade de manipular as ligações naturais entre um movimento corporal e um pensamento. O engenho, por sua vez, é a possibilidade de criação voluntária de um hábito. Assim, a alma consegue mover a glândula pineal como quiser, e pode, por exemplo, gerar um movimento dos espíritos animais que estabeleça no corpo uma situação diferente da situação que se estabelece na paixão a ser combatida. Trata-se de uma técnica para dominar as paixões, vistas como desagradáveis e perturbadoras.

Tendo descrito essa técnica de domínio das paixões, Descartes dedicará a segunda parte do tratado sobre as *Paixões da alma* a enumerá-las, distinguindo seis paixões primitivas das quais derivam todas as demais: admiração, amor, ódio, desejo, alegria e tristeza.

Em resumo, conforme a análise de Descartes, o corpo atua contra nossa alma gerando paixões que nos dominam; mas é possível adquirir uma técnica de controle das paixões, pois, mesmo que não possamos sempre evitá-las, sobretudo as mais intensas, podemos controlar seus efeitos sobre nossas ações; esse controle pode se dar de maneira regrada e não aleatória. A paixão como um dado da natureza humana composta de corpo e alma pode ser explicada e as paixões podem ser enumeradas, mas, ainda assim, o corpo é distinto da alma e é ele a causa das paixões.

5. A Modernidade e as paixões: Espinosa

Dentre os herdeiros do cartesianismo, no século XVII, apenas Baruch de Espinosa se destaca como contrário à posição de Descartes. Este opõe alma e corpo, como opõe razão e paixão.

Espinosa, como Descartes, integra as paixões à ordem da natureza humana, mas, diferentemente de Descartes, considera que alma e corpo são passivos ou ativos simultaneamente: um corpo ativo corresponde a uma alma ativa, e um corpo passivo corresponde a uma alma passiva.

Para Espinosa, não é o corpo que produz as paixões na mente. Alma e corpo possuem causalidades próprias, ou seja, uma não causa efeitos no outro e vice-versa; assim, Espinosa foge à caracterização da paixão como efeito de uma ação e à reversibilidade entre ação e paixão apontada por Descartes. Corpo e alma são ativos ao mesmo tempo ou passivos ao mesmo tempo. Dessa maneira, a virtude não será o império da vontade sobre as paixões, nem o controle do corpo pela alma, mas a atividade da alma e do corpo.

A alma, para Espinosa, define-se como ideia do corpo. A alma ou mente é uma força de pensar, e o objeto atual dessa força de pensar é o corpo. Assim, a relação entre a mente e o corpo não é uma relação entre substâncias distintas que, todavia, estão unidas na natureza humana. A relação entre a mente e o corpo não se reduz a uma união de fato (contrariando a explicação teórica que distingue pensamento e matéria), mas a uma ligação interna, já que a alma é o pensamento do corpo e o corpo é o objeto pensado pela mente. A mente é, portanto, ideia das afecções corporais.

Isso significa primeiramente que, estando o corpo em meio a outros corpos e sendo afetado por esses outros corpos de muitas maneiras, as afecções geram imagens; e é a partir dessas imagens externas que a mente pensa seu corpo. Ela não tem um conhecimento verdadeiro do corpo por meio dessa experiência imediata, porque não conhece a causa real e verdadeira dessas imagens (que são os outros corpos na relação com seu corpo). Esses afetos do corpo são afecções da alma, são paixões. A mente conhece seus desejos, mas não as causas deles, porque conhece seu corpo por imagens; assim, a paixão da alma seria uma ideia confusa.

O fato de a mente ter um conhecimento imaginativo de seu corpo não significa que não possa ter um conhecimento verdadeiro dele; também não significa que precise afastar-se do corpo para chegar à verdade. Como a mente é ideia do corpo, quanto mais o corpo é ativo, mais a mente será ativa e apta para conhecer de maneira distinta. O corpo, para Espinosa, não age contra a mente, mas simultaneamente a ela: tudo que aumenta a potência de agir do corpo aumenta a potência de pensar da mente. E, como afirma Espinosa em sua *Ética*, são os afetos que podem aumentar (ou diminuir) a potência de agir do corpo. Esses afetos são ideias na mente, isto é, afecções ou paixões; se um afeto aumenta a atividade do corpo, a ideia dele aumenta a atividade da mente.

Nossa essência é a força para continuar existindo, aquilo que Espinosa designava pelo termo latino *conatus*. Mas estamos imersos na Natureza e rodeados por outros corpos. Quando somos causa do que nos acontece, nosso *conatus* é ativo; quando não somos a única causa do que nos acontece, mas a causa se explica por nossa relação com outros corpos, nosso *conatus* é passivo; em outras palavras, nesse caso temos uma paixão. O aumento ou diminuição do *conatus* é o aumento ou diminuição simultaneamente da ação no corpo e na mente. A paixão nasce pela nossa relação com tudo que nos rodeia e, por isso, a paixão não é uma doença nem um pecado, mas algo natural. Na paixão não somos inteiramente causa de nosso desejo; a imagem das coisas que nos rodeiam e a imagem que temos de nós mesmos são causas mais fortes.

Para sermos causa adequada de nosso desejo não podemos recorrer ao conhecimento verdadeiro puro; para Espinosa, somente uma paixão mais forte pode vencer outra paixão. Uma paixão forte é aquela que aumenta a capacidade de existir do corpo e da alma. A força de uma paixão não se identifica com a intensidade ou com a violência emotiva. Paixões como ódio, medo, inveja são paixões violentas, mas, na medida em que nascem da tristeza, enfraquecem nossa força de existir. A naturalidade da paixão não significa, portanto, que seus efeitos sejam sempre bons. Por sua vez, paixões nascidas da alegria são paixões mais fortes que essas, e as ações são ainda mais fortes que as paixões alegres. A liberdade consistirá justamente na passagem das paixões tristes para as alegres e, destas, para a atividade. Trata-se de um processo de fortalecimento do corpo e da alma. Nesse processo, a ferramenta que o homem usa são as próprias paixões; a libertação se dá não em oposição aos afetos, mas por meio das paixões alegres. O conhecimento do verdadeiro seria, ele mesmo, também um afeto e, como afeto, pode refrear outros afetos.

A ética, assim, seria a reflexão que permite à mente interpretar seus afetos e as afecções de seu corpo com base nas causas reais deles e não mais em causas imaginárias externas. A liberdade seria, numa palavra, a ação cuja causa é nosso ser.

6. A Contemporaneidade e a paixão patológica

Reprimir as paixões, como sugerem estoicos, cristãos e a maioria dos modernos, ou encará-las como elementos naturais e constitutivos do homem?

A história filosófica das paixões recebeu grande influência, na passagem do século XIX ao século XX, da teoria psicanalítica. Para um de seus fundadores, Sigmund Freud (1856-1939), a repressão das paixões – ordenada, por exemplo, pela ética estoica – dá-se de maneira inconsciente e, ao mesmo tempo, necessária pelo processo civilizatório. As pulsões de vida e de morte da teoria freudiana, designadas pelos nomes gregos Éros e Thánatos (extraídos da mitologia), poderiam ser vistas como equivalentes psicanalíticos das paixões ou pelo menos de duas paixões básicas, o amor e o ódio, com toda a ambivalência que essas paixões podem carregar, já que um mesmo objeto é amado e odiado (o mesmo objeto que satisfaz também traz frustrações).

Nesse quadro, poderíamos dizer que o *ego*, âmbito da razão no indivíduo, reprime as pulsões do *id* (a libido, fonte de energia psíquica), não como simples oposição entre razão e paixão, mas operando de maneira mais complexa, em ligação com o *superego* (configuração moral do psiquismo, representante do agrupamento social no interior do indivíduo). Na leitura freudiana, as paixões são "naturais", mas necessariamente reprimidas, ainda que de maneira inconsciente, como condição *sine qua non* da civilidade e da civilização, apesar de todas as consequências que esse processo repressivo traz consigo.

Na Contemporaneidade, como atesta a teoria psicanalítica, o estudo das paixões deixa aos poucos de pertencer à Ética, à Política ou à Metafísica, para ser objeto da Medicina. Foi o que bem mostrou Michel Foucault (1926-1984), na obra intitulada *História da loucura*. Esse deslocamento, na verdade, retoma em parte o sentido da posição estoica, que via nas paixões um elemento de morbidez, e mesmo elementos da posição platônica, que já apontava, embora muito longinquamente, para a possibilidade desse sentido contemporâneo da palavra paixão, quer dizer, o sentido patológico, quando insistia em sua maldade relativa. Ademais, esse deslocamento começa a ser forjado no século XVIII e floresce na visão de arrebatamento, comum aos pensadores do Romantismo. Um homem arrebatado por suas paixões passa a ser visto como um embriagado pelo álcool, que não é inteiramente responsável por aquilo que fala ou faz; cometer um crime sob forte emoção é considerado menos grave do que cometê-lo de "cabeça fria". Com base nesses exemplos, note-se que, embora nossa sociedade já tenha leis para punir o uso excessivo de álcool, sobretudo se provoca danos a terceiros, o termo "passional" para um crime continua funcionando como atenuante da pena.

7. Conclusão

Poderíamos dizer, com Gérard Lebrun (1930-1999), no texto *O conceito da paixão*, que há na raiz mesma da palavra "paixão", ou *páthos*, o duplo sentido que permite estabelecer uma diferença entre duas atitudes em relação às paixões: o passional, ligado à Ética, e o patológico, ligado à Medicina. De um lado, temos uma leitura das paixões como afetos que fazem naturalmente parte de nós, as paixões como elementos de nossa alma e, por isso, não podendo ser destruídas, inteiramente controladas ou subjugadas. Em linhas gerais, essa é a posição de Aristóteles, Tomás de Aquino e Espinosa. Nessa posição, como a paixão é um elemento de um ser humano normal, somos responsáveis por nossos atos, responsáveis por nossas paixões e pelo uso – bom ou mau – que fazemos delas. De outro lado, temos a patologização da paixão: a cisão entre razão e paixão mostra que a primeira, que devia extirpar ou controlar inteiramente a segunda, é incapaz de fazê-lo. Na "medicina da alma" estoica diz-se ser inútil tentar curar um apaixonado durante a crise passional. Ora, enquanto em uma posição aristotélica a responsabilidade ética, jurídica e política é incontestável, na posição estoica, em que a paixão é um mal da alma, uma doença, essa responsabilidade é sensivelmente diminuída.

Aristóteles, diferentemente dos estoicos, não pretende abolir as paixões da vida humana; além disso, não considera que o comportamento passional é involuntário. O filósofo distingue entre um homem intemperante (que vez ou outra cede a uma paixão), um homem desregrado (que busca sempre o prazer) e o depravado, que não é exatamente um apaixonado, mas um anormal, que nem sequer faz parte de uma tipologia passional. Os estoicos também não chegam a afirmar que um apaixonado age involuntariamente, mas, como nem todos conseguem adaptar-se às circunstâncias da vida, muitas vezes dolorosas (e isso por causa de uma fraqueza da alma), o comportamento passional é também um comportamento patológico.

A posição estoico-platônica, de alguns autores cristãos, de Descartes, enfim, de todos aqueles para quem a paixão deve ser controlada pela razão, é uma posição que abre espaço para uma interpretação da paixão como fenômeno mórbido e, assim, sem extirpar as paixões, extirpa-se nossa responsabilidade ética por nossas ações. Se paixão é doença e um atenuante para atitudes irracionais, então corremos o risco de minimizar a brutalidade de crimes como os que nos últimos tempos têm chocado a nossa sociedade: um jogador de futebol, um ex-policial ou um jovem desencantado com o término do namoro assassinam suas mulheres ou ex-namoradas, em atos absolutamente grotescos. É de esperar que o fato de esses indivíduos terem tido relações amorosas com essas mulheres não sirva para atenuar o julgamento de seus crimes.

Curiosamente, é a atitude que em aparência é mais condescendente com as paixões – isto é, a atitude aristotélico-tomasiano-espinosana, que toma a paixão como algo natural e "normal" – que garantiria a responsabilidade moral de todos nós, mesmo os apaixonados. Mas o que acompanhamos hoje é uma neutralização da paixão na mesma medida em que ela é vista como doença. Nada mais distante do tempero aristotélico das paixões.

OUVINDO OS TEXTOS

Texto 1. Platão (428/27-348/47 a.C.), *A paixão do amor*

Quando o acaso põe no caminho de alguém a parte que é a metade desse alguém, todo ser humano – e não somente aquele que procura outro na flor da idade como amante – é tocado por um extraordinário sentimento de afeição, de aparentamento e de amor. Um e outro recusam, por assim dizer, ser separados, nem que fosse por um instante. Esses homens que passam toda sua vida um com o outro não saberiam sequer dizer o que eles esperam um do outro. Ninguém poderia crer que se trata do simples desfrute oferecido pela união sexual, na ideia de que estaria aí, no fim das contas, o motivo do prazer e da grande ansiedade experimentados por todo ser humano para viver com outro. Evidentemente, é por outra coisa que a alma anseia; algo que ela é incapaz de exprimir. Não é menos verdadeiro que ela adivinha e deixa entender aquilo pelo que ela anseia. Suponhamos que, quando estão repousando sobre o mesmo leito aqueles que se amam, Hefesto apareça diante deles com suas ferramentas e lhes faça a seguinte pergunta: "Que vocês desejariam que lhes acontecesse, um por meio do outro?" Suponhamos ainda que, vendo-os embaraçados, ele fizesse essa outra pergunta: "Seu anseio não seria o de fundir-se o mais possível um com o outro em um mesmo ser, de modo a não vos separar nem de dia nem de noite? Se é esse o anseio de vocês, eu consinto em fundi-los em um só ser [...]". Diante de uma proposta como essa, não se encontraria ninguém, nós bem sabemos, para responder não e ansiar por outra coisa.

PLATÃO. *Banquete* 192c-e. Trad. Juvenal Savian Filho, com base na edição francesa de Luc Brisson (*Le Banquet*, Paris: Flammarion, 1998).

Texto 2. Platão (428/27-348/47 a.C.), *O corpo sem a guia da razão é fonte de males*

[...] Sim, é possível que exista mesmo uma espécie de trilha que nos conduz de modo reto, quando o raciocínio nos acompanha na busca. E é este então o pensamento que nos guia: durante todo o tempo em que tivermos o corpo, e nossa alma estiver misturada com essa coisa má, jamais possuiremos completamente o objeto de nossos desejos! Ora, este objeto é, como dizíamos, a verdade. Não somente mil e uma confusões nos são efetivamente suscitadas pelo corpo quando clamam as necessidades da vida, mas ainda somos acometidos pelas doenças – e eis-nos às voltas com novos entraves em nossa caça ao verdadeiro real! O corpo de tal modo nos inunda de amores, paixões, temores, imaginações de toda sorte, enfim, uma infinidade de bagatelas, que por seu intermédio (sim, verdadeiramente é o que se diz) não recebemos na verdade nenhum pensamento sensato; não, nem uma vez sequer! Vede, pelo contrário, o que ele nos dá: nada como o corpo e suas concupiscências para provocar o aparecimento de guerras, dissenções, batalhas.

PLATÃO. *Fédon* 73c. Trad. João Paleikat e João Cruz Costa. São Paulo: Abril Cultural, 1972. Col. "Os Pensadores".

Texto 3. Platão (428/27-348/47 a.C.), *A alma é um cavaleiro montado em dois cavalos: um, racional; o outro, chucro*

Convém lembrar que no começo de nossa fábula dividimos a alma em três partes, duas das quais com forma de cavalo, e a terceira com a do respectivo cocheiro. [...] Acerca dos ginetes dissemos, ainda, que um era bom e o outro mau; porém em que consiste a bondade de um ou a maldade do outro não ficou declarado, e é o que vamos explicar neste momento. Dos dois, o de melhor condição é o de postura ereta e traços firmes, pescoço fino, nariz aquilino, pelo branco, olhos negros; amoroso da honra, da moderação e da modéstia, além de amigo da opinião verdadeira, motivo por que não precisa apanhar para ser conduzido; para isso basta uma ordem, uma palavra. O outro, pelo contrário, é desengonçado, massa bruta, sem graça, de pescoço curto e duro nas rédeas, nariz achatado, pelo negro, olhos azuis injetados, compleição sanguínea, companheiro da arrogância e da teimosia, orelhas felpudas e moucas, e só obedecendo ao chicote e ao aguilhão. Assim, quando o cocheiro percebe amorável aparição, incendem-lhe os sentidos a alma toda e fica alvoroçado pelo formigamento dos aguilhões do desejo. Dos dois cavalos, o que obedece docilmente ao guia, dominado, como sempre, pelo pudor, retrai-se para não atirar-se contra o amigo; porém o outro, que não se importa nem com o ferrão nem com o chicote do cocheiro, joga-se à viva força para a frente, e, aprestando toda sorte de dificuldades tanto para seu companheiro como para o auriga, obriga-os a dirigir-se para o mancebo, a fim de fazê-lo lembrado das delícias do amor.

PLATÃO. *Fedro* 253d-254a. Trad. Carlos Alberto Nunes. Belém: Edufpa, 2007.

Texto 4. Aristóteles (384-322 a.C.), *Retórica, paixão e mudança de sentimentos*

Visto que a retórica tem como fim um julgamento, [...] importa muito para a persuasão, sobretudo nas deliberações, e depois nos processos, que o orador se mostre sob certa aparência e faça supor que se acha em determinadas disposições a respeito dos ouvintes e, além disso, que estes se encontrem em semelhantes disposições a seu respeito. A aparência sob a qual se mostra o orador é, pois, mais útil para as deliberações, enquanto a maneira como se dispõe o ouvinte importa mais aos processos. [...] As paixões são todos aqueles sentimentos que, causando mudança nas pessoas, fazem variar seus julgamentos, e são seguidos de tristeza e prazer, como a cólera, a piedade, o temor e todas as outras paixões análogas, assim como seus contrários. Devem-se distinguir, relativamente a cada uma, três pontos de vista, quero dizer, a respeito da cólera, por exemplo, em que disposições estão as pessoas em cólera, contra quem habitualmente se encolerizam, e por quais motivos. De fato se conhecêssemos apenas um ou dois desses pontos de vista, mas não todos, seria impossível inspirar a cólera; o mesmo acontece com as outras paixões.

ARISTÓTELES. *Retórica* 1377b20-30; 1378a15-25. Vários tradutores. São Paulo: WMF Martins Fontes, 2012/São Paulo: Martins Fontes, 2003.

Texto 5. Sêneca (4 a.C.-65 d.C.), *Paixão e falta de autocontrole deliberado*

Em que consiste esta enfermidade de uma alma irresoluta, que não se inclina deliberadamente nem à virtude nem ao vício? Eu não saberei dizê-lo numa palavra, mas posso explicá-lo pormenorizadamente. Indicar-te-ei o que sinto: tu acharás o nome de doença. [...] Para todos os doentes o caso é o mesmo: tanto tratando-se daqueles que se atormentam por uma inconstância de humor, seus desgostos, sua perpétua versatilidade, e sempre amam somente aquilo que abandonaram, como aqueles que só sabem suspirar e bocejar. Acrescenta-lhes aqueles que se viram e reviram como as pessoas que não conseguem dormir, e experimentam sucessivamente todas as posições até que a fadiga as faça encontrar o repouso: depois de ter modificado cem vezes o plano de sua existência, eles acabam por ficar na posição onde os surpreende não a impaciência da variação, mas a velhice, cuja indolência renova as inovações. [...] Há, enfim, inúmeras variedades do mal, mas todas conduzem ao mesmo resultado: o descontentamento de si mesmo. Mal-estar que tem por origem uma falta de equilíbrio da alma e das aspirações tímidas ou infelizes, que não se atrevem a tanto quanto desejam, ou que se tenta em vão realizar e pelas quais nos cansamos de esperar. É uma inconstância, uma agitação perpétua, inevitável.

SÊNECA. *Da tranquilidade da alma* I, 4; II, 6-7. Trad. Giulio Davide Leoni. São Paulo: Abril Cultural, 1980. Col. "Os Pensadores".

Texto 6. Sêneca (4 a.C.-65 d.C.), *Ser sábio é seguir a Natureza*

[...] eu sigo a Natureza. A sabedoria reside em não se afastar dela e adequar-se à sua lei e ao seu exemplo. A felicidade é, por isso, o que está coerente com a própria natureza, aquilo que não pode acontecer além de si. Em primeiro lugar, a mente deve estar sã e em plena posse de suas faculdades; em segundo lugar, ser forte e ardente, magnânima e paciente, adaptável às circunstâncias, cuidar sem angústia de seu corpo e daquilo que lhe pertence, atenta às coisas que servem para a vida, sem admirar-se de nada; usar os dons da Fortuna, sem ser escrava deles.

SÊNECA. *Da felicidade* III. Trad. Lúcia Sá Rebello e Ellen I. N. Granas. Porto Alegre: L&PM Pocket, 2009, p. 95.

Texto 7. Tomás de Aquino (1225-1274), *O ser humano assemelha-se a Deus pelo desejo*

É necessário ter em conta que todo pecado se fundamenta em algum desejo natural, e o homem, ao seguir qualquer desejo natural, tende à semelhança divina, pois todo bem naturalmente desejado possui uma certa semelhança com a bondade divina. [...] Ora, sendo próprio da razão dirigir o desejo – principalmente enquanto informada pela lei de Deus –, então, se o desejo se volta para qualquer bem naturalmente desejado de acordo com a regra da razão, esse desejo será reto e virtuoso; será, porém, pecaminoso se ultrapassa essa regra ou se não chega a atingi-la. Por exemplo, o desejo de conhecer é natural ao homem, e tender ao conhecimento de acordo com os ditames da reta razão é virtuoso e louvável: ir além dessa regra é o pecado da *curiositas*, ficar aquém dela é o pecado da negligência.

TOMÁS DE AQUINO. "Sobre o mal, questão 8, artigo 2: Se a soberba é um pecado específico". In: *Sobre o ensino & Os sete pecados capitais*. Trad. Luiz Jean Lauand. São Paulo: Martins, 2001, pp. 79-80.

Texto 8. René Descartes (1596-1650), *Ação e paixão no corpo e na alma*

Nada há em que melhor apareça quão defeituosas são as ciências que recebemos dos antigos do que naquilo que escreveram sobre as paixões. [...] Eis por que serei obrigado a escrever aqui do mesmo modo como se tratasse de uma matéria que ninguém antes de mim houvesse tocado; e, para começar, considero que tudo quanto se faz ou acontece de novo é geralmente chamado pelos filósofos uma paixão em relação ao sujeito a quem acontece, e uma ação com respeito àquele que faz com que aconteça; de sorte que, embora o agente e o paciente sejam amiúde muito diferentes, a ação e a paixão não deixam de ser sempre uma mesma coisa com dois nomes, devido aos dois sujeitos diversos aos quais podemos relacioná-la. [...] Depois, também considero que não haja algum sujeito que atue mais imediatamente contra nossa alma do que o corpo ao qual está unida, e que, por conseguinte, devemos pensar que aquilo que nela é uma paixão é comumente nele uma ação.

DESCARTES, R. *As paixões da alma* I, §§ 1-2. Trad. Bento Prado Júnior e Jacó Guinsburg. São Paulo: Abril Cultural, 1974. Col. "Os Pensadores".

Texto 9. Baruch de Espinosa (1632-1677), *As paixões são naturais*

Os que escreveram sobre os afetos e o modo de vida dos homens parecem, em sua maioria, ter tratado não de coisas naturais, que seguem leis comuns da Natureza, mas de coisas que estão fora dela. Ou melhor, parecem conceber o homem na Natureza como um império num império. Pois acreditam que, em vez de seguir a ordem da Natureza, o homem a perturba, que ele tem uma potência absoluta sobre suas próprias ações, e que não é determinado por nada mais além de si próprio. Além disso, atribuem a causa da impotência e da inconstância não à potência comum da Natureza, mas a não sei qual defeito da natureza humana, a qual, assim, deploram, ridicularizam, desprezam ou, mais frequentemente, abominam.

ESPINOSA, B. de. *Ética* III. Prefácio. Trad. Tomaz Tadeu. Belo Horizonte: Autêntica, 2008.

Texto 10. Baruch de Espinosa (1632-1677), *Natureza humana real e natureza humana idealizada*

Os filósofos concebem os afetos com que nos debatemos como vícios em que os homens incorrem por culpa própria. Por esse motivo, costumam rir-se deles, chorá-los, censurá-los ou (os que querem parecer os mais santos) detestá-los. Creem, assim, fazer uma coisa divina e atingir o cume da sabedoria quando aprendem a louvar de múltiplos modos uma natureza humana que não existe em parte alguma e a fustigar com sentenças aquela que realmente existe. Com efeito, concebem os homens não como são, mas como gostariam que eles fossem. De onde resulta que, o mais das vezes, tenham escrito sátira em vez de ética e que nunca tenham concebido política que possa ser posta em aplicação, mas sim política que é tida por quimera ou que só poderia instituir-se na utopia ou naquele século de ouro dos poetas, onde sem dúvida não seria minimamente necessária.

ESPINOSA, B. de. *Tratado político* I, 1. Trad. Diogo Pires Aurélio. São Paulo: WMF Martins Fontes, 2009.

Texto 11. Sigmund Freud (1856-1939), *Inconsciente, recalque e resistência*

Chegamos ao termo ou conceito de inconsciente por um caminho específico, ou seja, elaborando experiências nas quais age a dinâmica psíquica. Assim, a experiência ensinou-nos – ou melhor, forçou-nos a admitir – que há processos psíquicos ou representações muito fortes (aqui entra em consideração um fator quantitativo e, portanto, econômico) que podem ter na vida da alma todos os efeitos que têm, em geral, as representações, além de efeitos que, por sua vez, podem tornar-se conscientes sob a forma de representações. Todavia, esses processos não podem, eles mesmos, tornar-se conscientes. [...] É aqui que entra a teoria psicanalítica, afirmando que tais representações não podem ser conscientes porque certa força opõe-se a isso; que, se não fosse assim, elas poderiam tornar-se conscientes; e que veríamos, então, quão pouco elas se distinguem de outros elementos psíquicos bem conhecidos. O que torna essa teoria irrefutável é que a técnica psicanalítica procurou os meios com cujo auxílio pode-se suprimir a oposição feita por essa força e tornar conscientes as representações em questão. Chamamos de recalque o estado no qual essas representações encontram-se antes de tornarem-se conscientes. Quanto à força que produz e mantém o recalque, afirmamos que ela se nos manifesta durante o trabalho analítico sob a forma de resistência.

> FREUD, S. *O eu e o id*, parte I. Trad. Juvenal Savian Filho, com base na edição alemã *Das Ich und das Es. Metapsychologische Schriften*. Frankfurt: Fischer Taschenbuch, 2011.

Texto 12. Karl Popper (1902-1994), *A explicação psicanalítica como mito*

Quanto às duas teorias psicanalíticas, elas remetem a uma outra categoria bem distinta. Elas são pura e simplesmente impossíveis de ser testadas e ser refutadas. Não há nenhum comportamento humano que as possa contradizer. Isso não implica que Freud e Adler não tivessem tido uma representação exata de certos fenômenos. Estou convencido, no que me concerne, que grande parte do que eles apresentam é decisivo e inteiramente suscetível de encontrar lugar, ulteriormente, numa psicologia científica, prestando-se à prova dos testes. Por outro lado, isso significa que as "observações clínicas" que os analistas creem ingenuamente confirmar suas teorias não se encontram em condições de fazê-lo, não mais do que aquilo que os astrólogos creem cotidianamente descobrir em sua prática. Quanto à epopeia freudiana do Ego, do Id e do Superego, não somos mais fundamentados para reivindicar sua cientificidade do que no caso das narrativas que Homero recolhia da boca dos deuses. É inegável que as teorias psicanalíticas estudam certos fatos, mas o fazem à maneira dos mitos. Elas contêm indicações psicológicas muito interessantes, mas sob uma forma que não permite testá-las.

POPPER, K. *Conjecturas e refutações*, parte II. Trad. Juvenal Savian Filho, com base na edição inglesa *Conjectures and Refutations: the Growth of Scientific Knowledge*. Londres: Routledge, 2002.

Texto 13. Michel Foucault (1926-1984), *Historicidade das relações entre o livre pensamento e o sistema das paixões*

Pois o internamento [das pessoas consideradas loucas] não representou apenas um papel negativo de exclusão, mas também um papel positivo de organização. Suas práticas e suas regras constituíram um domínio de experiência que teve sua unidade, sua coerência e sua função. Ele aproximou, num campo unitário, personagens e valores entre os quais as culturas anteriores não tinham percebido nenhuma semelhança. Imperceptivelmente, estabeleceu uma gradação entre eles na direção da loucura, preparando uma experiência – a nossa – onde se farão notar como já integrados ao domínio pertencente à alienação mental. A fim de que essa aproximação fosse feita, foi necessária toda uma reorganização do mundo ético, novas linhas de divisão entre o bem e o mal, o reconhecido e o condenado, e o estabelecimento de novas normas na integração social. O internamento é apenas o fenômeno desse trabalho em profundidade, que constitui um corpo unitário com todo o conjunto da cultura clássica. Com efeito, há certas experiências que o século XVI havia aceitado ou recusado, que ele havia formulado ou, pelo contrário, deixado à margem, e que agora o século XVII vai retomar, agrupar e banir com um único gesto, mandando-as para o exílio onde estarão próximas da loucura – formando com isso um mundo uniforme do Desatino. É possível resumir essas experiências dizendo que elas todas dizem respeito à sexualidade em suas relações com a organização da família burguesa, seja na profanação em seus relacionamentos com a nova concepção do sagrado e dos ritos religiosos, seja na "libertinagem", isto é, nas novas relações que começam a se instaurar entre o pensamento livre e o sistema das paixões. Esses três domínios de experiência constituem com a loucura, no espaço do internamento, um mundo homogêneo que é aquele onde a alienação mental assumirá o sentido que lhe conhecemos. Ao final do século XVIII, tornar-se-á evidente – uma dessas evidências não formuladas – que certas formas de pensamento "libertino", como a de Sade, têm algo a ver com o delírio e a loucura; admitir-se-á de um modo igualmente fácil que magia, alquimia, práticas de profanação ou ainda certas formas de sexualidade mantêm um parentesco direto com o desatino e a doença mental. Tudo isso entrará para o rol dos signos maiores da loucura, e ocupará seu lugar entre suas manifestações mais essenciais. Mas, a fim de que se constituíssem essas unidades significativas a nossos olhos, foi necessária essa transformação, realizada pelo classicismo, nas relações que a loucura mantém com todo o domínio da experiência ética.

FOUCAULT, M. *História da loucura*, parte I, 3. Trad. José Teixeira Coelho Netto. São Paulo: Perspectiva, 1978.

EXERCITANDO A REFLEXÃO

1. Algumas questões para auxiliá-lo a compreender melhor o tema das paixões:

1.1. Por que, segundo Platão, o corpo pode ser um obstáculo à realização do ser humano?

1.2. É correto dizer que Platão ensina um desprezo pelo corpo?

1.3. É correto dizer que a ética aristotélica, diferentemente da ética platônica, integra as paixões? Explique.

1.4. Qual a diferença entre discurso filosófico ou científico e discurso retórico da perspectiva de Aristóteles?

1.5. Relacione as noções de paixão e imperturbabilidade ou tranquilidade da alma segundo o pensamento estoico.

1.6. Há uma conotação medicinal no pensamento helenístico? Explique.

1.7. O pensamento de Tomás de Aquino sobre as paixões pode ser visto como uma retomada da ética aristotélica? Justifique.

1.8. Qual a relação entre desejo e semelhança com Deus segundo Tomás de Aquino?

1.9. Descreva a diferença que Descartes pretende para o seu pensamento sobre as paixões com relação aos autores anteriores a ele.

1.10. Baruch de Espinosa não vê suficiência na novidade filosófica de Descartes e propõe outra concepção das paixões. Apresente-a.

1.11. Qual a relação da abordagem medicinal das paixões, típica da Contemporaneidade, e o pensamento estoico?

1.12. Esclareça o sentido em que Gérard Lebrun relaciona os termos paixão, passional e patológico.

2. Praticando-se na análise de textos:

2.1. Pesquise o significado da personagem Hefesto na mitologia grega e explique o sentido da oferta feita por ele à dupla de amantes segundo o texto de Platão, da perspectiva da correlação entre amor e paixão.

2.2. Segundo o texto 2, qual a principal razão para dizer que o corpo pode ser um empecilho para a plena satisfação do desejo humano?

2.3. Com base no texto 4, que relação se pode estabelecer entre aparência e paixão?

2.4. Relacionando os textos 5 e 6, o que seria uma vida feliz?

2.5. De acordo com o texto 7, como um pecado pode ser visto como algo condenável se ele nasce do desejo natural?

2.6. Por que, segundo o texto 8, a ação e a paixão não deixam de ser sempre uma mesma coisa com dois nomes?

2.7. Por que a imagem de um império dentro de um império é importante no texto 9?

2.8. Qual equívoco pode produzir a idealização da natureza humana segundo o texto 10?

2.9. Com base no texto 11, mostre como a abordagem das paixões passa a adotar uma linguagem empírico-médica.

2.10. Qual base oferece o texto 11 para dizer que a teoria psicanalítica é irrefutável?

2.11. Por que, segundo o texto 12, a teoria psicanalítica não pode ser considerada científica? O texto indica algum caminho para ela atingir cientificidade?

2.12. Por que a descrição histórica feita no texto 13 é útil para entender o modo como falamos das paixões?

3. Ampliação da reflexão:

3.1. Pesquise a noção de falibilidade, elaborada por Karl Popper, e releia os textos 11 e 12.

3.2. Pesquise o que os estudiosos chamam de método arqueológico foucaultiano e releia o texto 13.

DICAS DE VIAGEM

1. Assista aos seguintes filmes, considerando as reflexões que fizemos neste livro:

    1.1. *Asas do desejo* (*Der Himmel über Berlin*), direção de Wim Wenders, Alemanha, 1987. Com Bruno Ganz e Peter Falk, o filme narra a história de dois anjos, Damiel e Cassiel, que, como muitos outros, perambulam por Berlim invisíveis aos mortais, confortando aqueles que se sentem solitários e tristes, até o dia em que Damiel apaixona-se por uma mulher e decide tornar-se homem para poder experimentar todas as sensações, dores e alegrias de um corpo mortal. O filme mostra sua descoberta do sabor do alimento, do frio, da dor de uma ferida e do prazer do toque e do olhar.

    1.2. *Razão e sensibilidade* (*Sense and Sensibility*), direção de Ang Lee, Reino Unido & EUA, 1995.

Adaptação do romance da escritora Jane Austen, feita por Emma Thompson, o filme narra a história de duas irmãs, Elinor e Marianne Dashwood, que são obrigadas a se mudar para uma casa mais simples quando seu pai morre. A maneira como cada uma se adapta a sua nova vida e a seus antigos relacionamentos mostra o contraste entre as irmãs, uma mais racional e outra mais emotiva e passional. Ao longo da história, Elinor e Marianne buscam o equilíbrio entre a pura lógica racional e a emoção bruta.

1.3. *Jogo de espiões* (*Spy Game*), direção de Tony Scott, Reino Unido & EUA, 2001. Muir (Robert Redford) é um agente da CIA prestes a aposentar-se e vê seu antigo discípulo, Tom Bishop, envolvido em um entrave diplomático com risco de morte. O filme narra a trajetória dos dois, desde o momento em que Muir começou a treinar Bishop, o rompimento da amizade por causa de uma mulher, a traição de Muir e, finalmente, o resgate da amizade. É um filme sobre a relação entre mestre e discípulo e sobre todas as paixões envolvidas nesse tipo de relação; mas é sobretudo uma descrição de como as paixões podem estar aliadas ao cálculo racional no enfrentamento de determinadas situações.

2. Outros títulos de filmes também diretamente emblemáticos do tema das paixões:
- **2.1.** *A lei do desejo* (*La ley del deseo*), direção de Pedro Almodóvar, Espanha, 1987.
- **2.2.** *Império dos sentidos* (*Ai no Korîda*), direção de Nagisa Oshima, Japão, 1976.
- **2.3.** *Monika e o desejo* (*Sommaren med Monika*), direção de Ingmar Bergman, Suécia, 1953.
- **2.4.** *Morte em Veneza* (*Morte a Venezia*), direção de Luchino Visconti, Itália, 1971.
- **2.5.** *A prisioneira* (*La prisonnière*), direção de Henri-George Clouzot, França, 1968.
- **2.5.** *Esse obscuro objeto do desejo* (*Cet obscur objet du désir*), direção de Luis Buñuel, França, 1977.
- **2.6.** *A paixão segundo Callado*, vários diretores, Brasil, 2009.

2.7. *Camille Claudel*, direção de Bruno Nuytten, França, 1988.

2.8. *Pollock*, direção de Ed Harris, EUA, 2000.

3. Algumas obras literárias para ilustrar nossa reflexão:

3.1. William Shakespeare, *Romeu e Julieta*. São Paulo: Movimento, 2012; *Hamlet*. Porto Alegre: L&PM, 1997. A primeira obra narra a história trágica do amor entre dois jovens; a segunda, o limiar tênue entre razão e loucura. Você também pode assistir a diversas versões para o cinema e para o teatro.

3.2. Sófocles, *Édipo rei*, *Electra* e *Antígona*; Eurípedes, *Medeia*. Com diferentes traduções em português, essas tragédias gregas, embora escritas há mais de vinte séculos, falam profundamente a nossos sentimentos e mostram a universalidade e naturalidade das paixões. Você também pode assistir às diferentes adaptações para o cinema e para o teatro.

3.3. Clarice Lispector, *A paixão segundo G. H.* Rio de Janeiro: Rocco, 1998. Na obra escrita em 1964, a autora narra de maneira profundamente introspectiva o encontro entre G. H. e uma barata doméstica, que esmagou colericamente na porta de um guarda-roupa. A escrita vertiginosa e patética fala de nossas paixões rudimentares.

3.4. Mariana Alcoforado, *Cartas portuguesas*. Porto Alegre: L&PM, 2010. Conhecidas desde o século XVII, as *Cartas portuguesas* são exemplos ardentes de amor desesperado. Escritas pela freira Mariana Alcoforado, essas cartas tornaram-se célebres através dos tempos, tendo sido objeto de apaixonante polêmica e de comentários de autores como Stendhal, Rousseau, Rilke e outros. O destinatário teria sido o oficial francês em serviço em Portugal, Sr. Cavalheiro De Chamilly, segundo Saint-Simon homem de posses e estabelecido em Paris com mulher e filhos. Muito mais que um documento de uma época de romantismo exacerbado, as cartas passaram à posteridade como uma obra-prima da literatura universal. A solidão, a ansiedade e a entrega sem exigências, total e absoluta, justificam e consagram o amor de Mariana como um símbolo do amor total. Você pode assistir ao filme de extrema beleza, baseado nas cartas: *A religiosa portuguesa* (*La religieuse portugaise*), direção de Eugène Green, França e Portugal, 2009.

3.5. Marquês de Sade, *Os 120 dias de Sodoma*. Trad. Alain François. São Paulo: Iluminuras, 2008. Essa obra foi objeto de especial estima por parte do Marquês de Sade. Tendo dado por perdido o rolo em que o escrevera, ao ser retirado às pressas da Bastilha, às vésperas da Revolução, o autor morreu sem saber que o manuscrito seria mais tarde recuperado e publicado. Este é um livro cuja chave-mestra talvez seja o humor. Um humor sombrio, genuinamente perverso e absurdo, que, em nome da racionalidade, destila à exaustão sua consumada virulência. Em *Os 120 dias de Sodoma*, o leitor poderá flagrar o homem, ver o humano em potência, para além do horror e do grotesco, para além do apelo abjeto com que esta obra se despe e se reveste.

3.6. Stendhal, *O vermelho e o negro*. São Paulo: Cosac Naify, 2003. A obra retrata de maneira impressionante a ação das paixões na política. Perdido no interior da França, o filho de um comerciante de madeira nutre sonhos de grandeza heroica, sem se dar conta de que ficaram para trás os tempos em que um jovem tenente de artilharia podia tornar-se cabeça de um Império. No rescaldo da derrota de Napoleão, as carreiras são tortuosas e os amores são difíceis. Para chegar a Paris, Julien Sorel passará por um seminário de província, aceitará um posto subalterno junto a uma grande família e será amante de duas mulheres únicas e díspares.

3.7. Goethe, *Fausto*. Trad. Jenny Klabin Segall. São Paulo: Editora 34, 2004, 2 vols. Uma das obras maiores da literatura universal, o *Fausto*, de Goethe, retrata uma curiosa situação em que o conhecimento, entendido de maneira geral como atividade da razão, é vivido como paixão, ou seja, de forma arrebatadora. Dr. Fausto, um homem sábio que não se dá por satisfeito com o conhecimento que possui, acaba fazendo um pacto com Mefistófeles, personagem diabólica, para saber tudo sobre o amor, a magia e a ciência.

4. Expressão das paixões no século XVII:

Propomos aqui uma atividade muito prazerosa e instrutiva. Ela segue, em linhas gerais, as obras visuais e musicais apresentadas em 2002 na Cité de la Musique, em Paris, durante a exposição *Figures de la Passion* (Figuras da paixão). Propomos que você veja, pela internet, algumas das pinturas e esculturas dessa exposição e ouça as músicas que eram tocadas nas respectivas salas em que estava cada uma dessas obras.

O objetivo é reproduzir, de certo modo, sensações próximas àquelas tidas pelos expectadores/ouvintes do século XVII, quando o tema das paixões, como vimos neste livro, recebeu um tratamento novo. Indicaremos os links em que você pode encontrar a pintura e a música. Antes, porém, faremos uma breve introdução, tal como ocorreu na exposição da Cité de la Musique.

Justamente no século XVII, surgiu um tema estético de grande envergadura, o da expressão das paixões. É conhecido o modo como, na linguagem comum e na linguagem artística, fala-se da "Paixão de Cristo", no sentido de seu sofrimento, tal como expresso pelo termo latino *passio* (afecção, sofrimento de uma ação). Na Idade Média e no Renascimento, esse tema já havia sido bastante retratado nas artes. Durante a Idade Moderna, com o "estilo" barroco, o tema da Paixão de Cristo foi desenvolvido, procurando-se exprimir não apenas o aspecto físico do sofrimento de Jesus Cristo, mas o seu estado psicológico, suas paixões de dor, medo, angústia...

Paulatinamente, essa tentativa de exprimir a atitude interna de Jesus passou à expressão das paixões de personagens não religiosas. Buscava-se exprimir, pela pintura, escultura ou música, aquilo que as pessoas viviam em sua experiência interna, principalmente no referente às paixões. Por fim, chega-se à exageração do tema, retratando-se figuras patéticas (lembre-se: o termo "patético" origina-se em *páthos*, "paixão" em grego), por exemplo, Baco, o deus grego do prazer, do vinho, da felicidade.

Acompanhe, então, essas tentativas de expressão, vendo e ouvindo:

A – Da Paixão às paixões

A.1. *La Crucifixion* (*A crucifixão*), de Philippe de Champaigne (1602-1674). *Link*:

http://www.fulcrumgallery.com/Philippe-De-Champaigne/Christ-on-the-Cross_691274.htm

Enquanto contempla a pintura, ouça: *Tenebrae factae sunt* (*Fez-se treva*), de Marc-Antoine Charpentier (1643-1704). *Link*:

http://www.youtube.com/watch?v=dllo-qGiTLI

A.2. *La sainte face* (*A santa face*), de Claude Mellan (1598-1688). *Link*:

http://www.gutenberg.org/files/22574/22574-h/images/illo019.jpg

Enquanto contempla a pintura, ouça: *Le reniement de Saint Pierre* (*A negação de São Pedro*), de Marc-Antoine Charpentier, principalmente o coro final. *Link*:

http://www.youtube.com/watch?v=_-QxdDXaY_U

B – Sob o império das paixões

B.1. *Portrait funéraire d'Henriette Sélincart* (*Retrato fúnebre de Henriette Sélincart*), de Charles le Brun (1619-1690). *Link*:

http://www.flickriver.com/photos/magika 2000/3753271460/

Enquanto contempla a pintura, ouça: *La mort de Didon* (*A morte de Dido*), de Michel Pignolet de Montéclair (1667-1737). *Link*:

http://www.youtube.com/watch?v=lgve3Bcfye4

B.2. *Portrait d'une femme inconnue, dite La Menaceuse* (*Retrato de uma mulher desconhecida, chamada A Ameaçadora*), de Hyacinthe Rigaud (1659--1743). *Link*:

http://fr.wikipedia.org/wiki/Fichier:La_Menasseuse_ 1709.jpg

Enquanto contempla a pintura, ouça: *Le doge de Venise* (*O doge de Veneza*), de Jacques Gallot (1625--1625). *Link*:

http://www.youtube.com/watch?v=IQSuc-imQ5c

B.3. *Portrait d'homme en Bacchus* (*Retrato de homem como Baco*), de Henri Millot (morto em 1756). *Link*:

http://www.univ-montp3.fr/pictura/Generateur Notice.php?numnotice=A4468

Enquanto contempla a pintura, ouça: *Charmant Bacchus, dieu de la liberté* (*Charmoso Baco, deus da liberdade*), de Jean-Philippe Rameau (1682-1764). *Link*: http://www.youtube.com/watch?v=IaOZZ4yUiLo

B.4. *Copie de Laocoon du XVIIIème siècle* (*Cópia de Laocoonte, século XVIII*), de escultor desconhecido. *Link*:
http://rgi.revues.org/944
Enquanto contempla a escultura, ouça: *Plainte sur la mort de Monsieur Lambert* (*Lamentação pela morte do Senhor Lambert*), de Jacques Du Buisson (morto em 1710). *Link*:
http://www.youtube.com/watch?v=sN4-w22cyBg

C – Para visitar o *site* da Cité de la Musique com o anúncio e mais detalhes da exposição (em francês), acesse:
http://mediatheque.cite-musique.fr/masc/?INSTANCE=CITEMUSIQUE&URL=/media composite/CMDE/CMDE000000400/

D – Em continuidade com esse exercício, uma atividade bastante inspiradora e formativa seria um contraponto entre a sensibilidade expressa por essas obras e a sensibilidade de populações indígenas distantes da cultura europeia, pensando-se no modo de viver as paixões. O antropólogo brasileiro Eduardo Viveiros de Castro tem obtido reconhecimento mundial por sua maneira de estudar e exprimir diferentes experiências indígenas, mostrando algo como uma "metafísica" indígena e, portanto, também uma "ética" diferente, com maneiras distintas de viver o que o Ocidente chamou de "paixão". Com base nesse contraponto é possível mesmo pensar na universalidade das paixões, ainda que vividas de formas distintas. Para ter uma ideia geral de seu pensamento, leia a entrevista "Antropologia renovada", concedida à *Revista Cult* em 2010. Veja o *link*: http://revistacult.uol.com.br/home/2010/12/antropologia-renovada/

5. Pesquisa:

Procure informações junto a professores, livros e sites a respeito do tema: "As paixões na política". Em seguida, escreva uma dissertação propondo uma fundamentação conceitual para o termo "paixão" e relacionando-o com a ação política.

LEITURAS RECOMENDADAS

Traduções em português das obras mencionadas neste volume:

ARISTÓTELES. *Retórica*. Vários tradutores. São Paulo: WMF Martins Fontes, 2012.

——. *Ética nicomaqueia*. Vários tradutores. São Paulo: Abril Cultural, 1974. Col. "Os Pensadores".

——. *Ethica nichomachea I 13 - III 8*. "Tratado da virtude moral". Trad. Marco Zingano. São Paulo: Odysseus & Fapesp, 2008.

DESCARTES, R. *Meditações metafísicas & As paixões da alma*. Trad. Bento Prado Júnior e Jacó Guinsburg. São Paulo: Abril Cultural, 1974. Col. "Os Pensadores".

ESPINOSA, B. de. *Ética*. Vários tradutores. São Paulo: Abril Cultural, 1974. Col. "Os Pensadores".

——. *Ética*. Trad. Tomaz Tadeu. Belo Horizonte: Autêntica, 2010.

ESPINOSA, B. de. *Tratado político*. Trad. Diogo Pires Aurélio. São Paulo: WMF Martins Fontes, 2009.

FOUCAULT, M. *História da loucura*. Trad. José Teixeira Coelho Neto. São Paulo: Perspectiva, 2010.

———. *História da sexualidade*. 3 vols. Trad. Maria Tereza da Costa Albuquerque e José A. Guilhom Albuquerque. São Paulo: Graal, 2010.

FREUD, S. *O eu e o id*. Trad. Paulo César de Souza. São Paulo: Companhia das Letras, 2010.

INWOOD, B. (org.). *Os estoicos*. Trad. P. Ferreira. São Paulo: Odysseus, 2006.

PLATÃO. *O banquete*. Trad. Carlos Alberto Nunes. Belém: Edufpa, 2011.

———. *A república*. Trad. Anna Lia Almeida Prado. São Paulo: Martins Fontes, 2009.

———. *Sofista*. Trad. Juvino M. Júnior & Henrique Murachco. Lisboa: Fundação Calouste Gulbenkian, 2012.

———. *Timeu*. Trad. Carlos Alberto Nunes. Belém: Edufpa, 1977.

———. *Fedro*. Trad. Carlos Alberto Nunes. Belém: Edufpa, 2011.

———. *Fédon*. Trad. Carlos Alberto Nunes. Belém: Edufpa, 2011.

POPPER, K. *Conjecturas e refutações*. Trad. Sérgio Bath. Brasília: UnB, 1980.

SÊNECA. *Sobre a tranquilidade da alma*. Trad. J. R. Seabra Filho. São Paulo: Nova Alexandria, 1994.

———. *Da vida feliz*. Trad. J. C. Cabral Mendonça. São Paulo: WMF Martins Fontes, 2009.

TOMÁS DE AQUINO. *Sobre o ensino (De magistro) & Os sete pecados capitais*. Trad. Luiz Jean Lauand. São Paulo: Martins, 2001.

Outras obras relacionadas ao tema das paixões:

BORDELOIS, I. *Etimologia das paixões*. Trad. Luciano Trigo. São Paulo: Odisseia, 2007.

O que palavras como amor, ira, inveja, cobiça e esperança têm a nos dizer? Por trás de seus sentidos aparentes e dos significados cristalizados nos dicionários, elas têm uma vida secreta e uma história oculta. Investigar seu passado pode levar a descobertas reveladoras, arrancando de um esquecimento imemorial verdades surpreendentes sobre o ser humano e suas paixões. É esse o empreendimento da linguista e poeta argentina Ivonne Bordelois em Etimologia das paixões. *Numa abordagem original e ousada, ela interroga a própria linguagem, enveredando pelas suas raízes mais remotas, sem jamais perder de vista a clareza e a leveza do texto.*

CHAUI, M. *Desejo, paixão e ação na Ética de Espinosa*. São Paulo: Companhia das Letras, 2011.

Livro no qual a filósofa reconstrói o conceito espinosano de paixão em relação e, muitas vezes, em oposição à tradição.

FONTANILLE, J. & A. J. GREIMAS. *Semiótica das paixões*. Trad. M. J. Coracini. São Paulo: Ática, 1992.

Neste livro, os autores estendem a análise semiológica ao universo afetivo e sentimental, entendendo suas manifestações dentro de uma sintaxe própria.

GILSON, E. *O espírito da filosofia medieval*. Trad. Eduardo Brandão. São Paulo: Martins Fontes, 2006.

Obra clássica em que o pensador francês dedica-se ao tema da filosofia cristã e articula temas e conceitos do pensamento medieval com o pensamento antigo e moderno. No capítulo sobre o amor divino e o amor humano, parte de uma problemática muito instigante: o amor que o ser humano pode ter pelo ser divino é um sentimento específico ou é ampliação do amor carnal, naturalmente egoísta?

LE BRETON, D. *As paixões ordinárias: antropologia das emoções*. Trad. L. A. Salton Peretti. Petrópolis: Vozes, 2009.

Abordagem antropológica das emoções e das culturas. As percepções sensoriais, ou a experiência, e a expressão das emoções parecem emanar da intimidade mais secreta do sujeito; entretanto, elas também são social e culturalmente modeladas. Os gestos que sustentam a relação com o mundo e que colorem a presença não provêm nem de uma pura e simples fisiologia, nem unicamente da psicologia - ambas se incrustam em um simbolismo corporal que lhes confere sentido, nutrindo-se, ainda, da cultura afetiva que, segundo o autor, o sujeito vive à sua maneira.

LIMA VAZ, H. C. *Introdução à Ética filosófica I e II* (*Escritos de Filosofia V e VI*). São Paulo: Loyola, 2001.

Excelente história filosófica da Ética. No volume I (Escritos de Filosofia V), o autor identifica as principais categorias filosóficas que permeiam a constituição histórica da Ética como ciência do éthos.

No volume II (Escritos de Filosofia VI), desenvolve uma rigorosa sistematização dessas categorias, investigando a natureza do saber ético e refletindo sobre seus impasses na Contemporaneidade.

MACINTYRE, A. *Depois das virtudes*. 3ª ed. Trad. Jussara Simões. Bauru: Edusc, 2001.

Obra de grande importância para a filosofia ético-política contemporânea. O autor analisa elementos históricos e teóricos para pensar o que seria a ética em um modelo posterior ao modelo clássico das virtudes. Recomendamos que o leitor fique atento para não comprar a primeira edição da obra em português, pois ela contém erros graves de tradução.

NOVAES, A. (org.). *Os sentidos da paixão*. São Paulo: Companhia de Bolso, 2009.

O livro é o resultado de um curso promovido em 1986 pelo Núcleo de Estudos e Pesquisa da Funarte, reunindo vinte e um textos de intelectuais brasileiros a respeito do tema. Dentre os artigos, destacamos alguns sobretudo pela reconstrução histórica do conceito de paixão: a) Marilena Chaui, "Sobre o medo"; b) Gérard Lebrun, "O conceito de paixão"; c) Benedito Nunes, "A paixão de Clarice Lispector"; d) Sérgio Paulo Rouanet, "Razão e paixão".

NUSSBAUM, M. *A fragilidade da bondade: fortuna e ética na tragédia e na filosofia grega*. São Paulo: WMF Martins Fontes, 2009.

A autora mostra como nas tragédias os gregos têm um conhecimento que opera pelas paixões; trata-se de um conhecimento pelo sofrimento, único que fornece um conhe-

cimento humano real em oposição ao conhecimento meramente intelectual.

SEIXAS, J.; BRESCIANI, M. & BREPOHL, M. (orgs.). *Razão e paixão na política.* Brasília: UnB, 2002.
Coletânea de artigos sobre o tema da razão e paixão na política.

VV.AA. *As paixões antigas e medievais.* Trad. Myriam C. D. Peixoto. São Paulo: Loyola, 2009.
História das paixões da perspectiva de sua concepção antiga e de sua recepção na Idade Média.